HEYNE KOCHBÜCHER

Dr. Oetker

Plätzchen & Muffins

50 KLASSIKER

WILHELM HEYNE VERLAG
MÜNCHEN

Vorwort

Ob ausgestochen oder aus der Form – Plätzchen und Muffins brillieren durch ihre zahlreichen Variationsmöglichkeiten und bringen Abwechslung auf den Kaffeetisch. Somit überraschen Sie nicht nur Ihre Familie am Sonntagnachmittag, sondern die gefüllten Gebäckdosen verführen auch während der Woche zum Naschen.

Inhaltsübersicht

Klassische Plätzchen

Zutaten:

Für den Knetteig:
150 g Weizenmehl
100 g weiche Butter
50 g Zucker
1 Prise Salz
Mark von 1 Vanilleschote
1 Eigelb (Größe M)
1 EL kaltes Wasser

Pistazien
Mandelstifte

Vanille-Butterplätzchen

1. Mehl in eine Rührschüssel sieben, Butter, Zucker, Salz, Vanillemark, Eigelb und Wasser hinzufügen. Die Zutaten mit Handrührgerät mit Knethaken zu einem Teig verkneten.

2. Die Hälfte des Teiges in Folie wickeln und 30 Minuten in den Kühlschrank legen.

3. Die andere Hälfte des Teiges zu einer Rolle formen (Ø 2,5–3 cm) und kalt stellen, bis sie schnittfest ist.

4. Teig auf bemehlter Arbeitsfläche 3 mm dick ausrollen. Mit Plätzchenausstechern verschiedene Formen ausstechen, auf ein mit Backpapier belegtes Backblech legen und mit Pistazien und Mandeln verzieren.

5. Die Teigrolle in knapp ½ cm breite Scheiben schneiden und ebenfalls auf ein mit Backpapier belegtes Backblech legen. Plätzchen mit Pistazien und Mandeln verzieren. Die Plätzchen in den Backofen schieben.

Ober-/Unterhitze:
etwa 200 °C (vorgeheizt)
Heißluft:
etwa 180 °C (vorgeheizt)
Gas: Stufe 3–4 (vorgeheizt)
Backzeit: 8–12 Minuten.

6. Plätzchen auf einem Kuchengitter auskühlen lassen.

Schokoladen-Mandelplätzchen

(Foto)

Zutaten:

Für den Teig:
250 g Vollmilch-Kuvertüre
300 g Weizenmehl
200 g weiche Butter
100 g Puderzucker
1 Ei (Größe M)
1 Prise Salz
½ TL gemahlener Zimt
50 g abgezogene, gemahlene Mandeln

1. 100 g von der Kuvertüre hacken, im Wasserbad schmelzen und unter gelegentlichem Rühren abkühlen lassen.

2. Mehl in eine Rührschüssel sieben, Butter, Puderzucker, Ei, Salz, Zimt und Mandeln hinzufügen und mit Handrührgerät mit Knethaken verkneten. Flüssige Kuvertüre zufügen und unterkneten. Teig 30 Minuten kalt stellen.

3. Mit 2 Teelöffeln kleine Häufchen auf ein mit Backpapier ausgelegtes Backblech setzen und in den Backofen schieben.

Ober-/Unterhitze:
etwa 180 °C (vorgeheizt)
Heißluft:
etwa 160 °C (vorgeheizt)
Gas: Stufe 2–3 (vorgeheizt)
Backzeit: 12–15 Minuten.

4. Plätzchen auf einem Kuchengitter auskühlen lassen.

5. Restliche Kuvertüre schmelzen, Plätzchen zur Hälfte hineintauchen, auf Pergamentpapier legen und trocknen lassen.

Schottische Butterplätzchen

Zutaten:

Für den Knetteig:
375 g Weizenmehl
150 g brauner Rohrzucker
1 Pck. Vanillin-Zucker
250 g weiche Butter

1. Mehl in eine Rührschüssel sieben. Rohrzucker, Vanillin-Zucker und Butter hinzufügen. Zutaten mit Handrührgerät mit Knethaken zunächst kurz auf niedrigster, dann auf höchster Stufe gut durcharbeiten.

2. Anschließend auf der Arbeitsfläche zu einem glatten Teig verkneten. Aus dem Teig 2–2 ½ cm dicke Rollen formen und so lange kalt stellen, bis sie hart geworden sind.

3. Die Rollen in etwa ½ cm dicke Scheiben schneiden, auf ein mit Backpapier belegtes Backblech legen, in den Backofen schieben und hellbraun backen lassen.

Ober-/Unterhitze:
180–200 °C (vorgeheizt)
Heißluft:
160–180 °C (vorgeheizt)
Gas: etwa Stufe 3 (vorgeheizt)
Backzeit: etwa 10 Minuten.

4. Die Plätzchen auf einem Kuchenrost erkalten lassen.

Mandelhörnchen

Zutaten:

Für den Knetteig:
250 g Weizenmehl
1 Msp. Backpulver
125 g Zucker
1 Pck. Vanillin-Zucker
3 Eigelb (Größe M)
200 g weiche Butter
125 g abgezogene, gemahlene Mandeln

verschlagenes Eiweiß
125 g abgezogene, gehobelte Mandeln

1. Für den Teig Mehl mit Backpulver mischen und in eine Rührschüssel sieben. Zucker, Vanillin-Zucker, Eigelb, Butter und Mandeln hinzufügen.

2. Die Zutaten mit Handrührgerät mit Knethaken zunächst kurz auf niedrigster, dann auf höchster Stufe gut durcharbeiten, anschließend auf der Arbeitsfläche zu einem glatten Teig verkneten.

3. Aus dem Teig gut bleistiftdicke Rollen formen, nach oben etwas spitz drücken und in etwa 6 cm lange Stücke schneiden. Die Stücke mit Eiweiß bestreichen und von beiden Seiten in die Mandeln drücken.

4. Die Teigstücke zu Hörnchen formen und auf mit Backpapier belegte Backbleche setzen, backen.

Ober-/Unterhitze: 180–200 °C (vorgeheizt)
Heißluft: 160–180 °C (vorgeheizt)
Gas: etwa Stufe 3 (vorgeheizt)
Backzeit: 12–15 Minuten.

5. Das Gebäck auf einem Kuchenrost erkalten lassen.

Zutaten:

Für den Hefeteig:
375 g Weizenmehl
1 Pck. Trockenhefe
50 g Zucker
1 Pck. Vanillin-Zucker
1 Prise Salz
1 Ei (Größe M)
200 ml lauwarme Milch
50 g zerlassene, abgekühlte Butter oder Margarine

Für die Streusel:
200 g Weizenmehl
100 g Zucker
1 Pck. Vanillin-Zucker
125 g zerlassene Butter

2 EL Milch zum Bestreichen

Für den Belag:
200 g Kirschkonfitüre

Puderzucker zum Bestäuben

Streuselröschen

1. Für den Teig Mehl in eine Rührschüssel sieben, mit der Trockenhefe sorgfältig vermischen. Alle übrigen Zutaten hinzufügen. Die Zutaten mit Handrührgerät mit Knethaken zunächst auf niedrigster, dann auf höchster Stufe in etwa 5 Minuten zu einem Teig verarbeiten.

2. Teig zugedeckt so lange an einem warmen Ort stehen lassen, bis er sich sichtbar vergrößert hat.

3. Für die Streusel Mehl in eine Schüssel sieben, Zucker, Vanillin-Zucker und flüssige Butter zugeben, mit Handrührgerät mit Knethaken zu Streuseln von gewünschter Größe verarbeiten. Kalt stellen.

4. Den Teig leicht mit Mehl bestäuben, aus der Schüssel nehmen, auf der Arbeitsfläche nochmals kurz durchkneten. Den Teig dünn ausrollen, runde Platten (Ø 10–12 cm) ausstechen, nicht zu dicht auf mit Backpapier belegte Backbleche legen. Mit Milch bestreichen. Jeweils etwas Konfitüre auf die Teigmitte geben. Die Streusel üppig darum herum streuen.

5. Teigröschen nochmals gehen lassen, bis sie sich sichtbar vergrößert haben. Die Bleche in den Backofen schieben.

Ober-/Unterhitze:
etwa 180 °C (vorgeheizt)
Heißluft:
etwa 160 °C (vorgeheizt)
Gas: Stufe 2–3 (vorgeheizt)
Backzeit: 15–20 Minuten.

6. Nach dem Erkalten mit Puderzucker bestäuben.

Tipp

Sie können die Streuselröschen auch mit Puderzuckerglasur besprenkeln.

INGREDIENTS

Katzenzungen (Foto)

Zutaten:

Für den Teig:
175 g weiche Butter
150 g Zucker
1 Pck. Vanillin-Zucker
150 g Weizenmehl
4 Eiweiß (Größe M)
1 EL Puderzucker

200 g Vollmilch-Kuvertüre

1. Butter, Zucker und Vanillin-Zucker schaumig rühren. Mehl sieben, nach und nach einrühren.

2. Eiweiß steif schlagen, Puderzucker sieben und langsam dazugeben. Eischnee vorsichtig unter den Teig heben.

3. Ein Backblech fetten, die Masse in einen Spritzbeutel mit Lochtülle (Ø 8 cm) füllen und in 5 cm großen Abständen 6 cm lange Stangen spritzen. Das Blech in den Backofen schieben.

Ober-/Unterhitze:
etwa 180 °C (vorgeheizt)
Heißluft: etwa 160 °C (vorgeheizt)
Gas: Stufe 2–3 (vorgeheizt)
Backzeit: etwa 10 Minuten.

4. Kuvertüre hacken und im Wasserbad bei mittlerer Hitze auflösen, die abgekühlten Katzenzungen zur Hälfte eintauchen und die Kuvertüre auf einem Gitter fest werden lassen.

Spekulatius

Zutaten:

Für den Teig:
250 g Weizenmehl
1 gestr. TL Backpulver
125 g Zucker
1 Pck. Vanillin-Zucker
2 Tropfen Bittermandel-Aroma
1 Msp. gemahlener Kardamom
1 Msp. gemahlene Nelken
½ gestr. TL gemahlener Zimt
1 Prise Salz
1 Ei (Größe M)
100 g weiche Butter oder Margarine
50 g abgezogene, gemahlene Mandeln oder Haselnusskerne

1. Für den Teig Mehl mit Backpulver mischen und in eine Rührschüssel sieben. Zucker, Vanillin-Zucker, Bittermandel-Aroma, Kardamom, Nelken, Zimt, Salz, Ei, Butter oder Margarine, Mandeln oder Haselnüsse hinzufügen.

2. Die Zutaten mit Handrührgerät mit Knethaken zunächst kurz auf niedrigster, dann auf höchster Stufe gut durcharbeiten. Anschließend auf der Arbeitsfläche zu einem glatten Teig verkneten. Sollte er kleben, ihn eine Zeit lang kalt stellen.

3. Den Teig dünn ausrollen, mit beliebigen Formen (z. B. Tierformen) ausstechen und auf mit Backpapier belegte Backbleche legen. Werden Holzmodel benutzt, den Teig in die gut bemehlten Model drücken und den überstehenden Teig abschneiden. Die Spekulatiusstücke aus den Model schlagen und auf die Backbleche legen.

Ober-/Unterhitze:
180–200 °C (vorgeheizt)
Heißluft:
160–180 °C (vorgeheizt)
Gas: etwa Stufe 3 (vorgeheizt)
Backzeit:
etwa 10 Minuten pro Backblech.

4. Die Spekulatius lösen und auf einem Kuchenrost erkalten lassen.

Anisplätzchen

Zutaten:

Für den Teig:
2 Eier (Größe M)
200 g Zucker
1 Pck. Vanillin-Zucker
125 g Weizenmehl
125 g Speisestärke
15 g gemahlener Anissamen

1. Für den Teig Eier mit Handrührgerät mit Rührbesen auf höchster Stufe in 1 Minute schaumig schlagen. Zucker mit Vanillin-Zucker mischen, in 1 Minute einstreuen, dann noch etwa 2 Minuten schlagen.

2. Mehl mit Speisestärke mischen, die Hälfte davon auf die Eiercreme sieben und kurz auf niedrigster Stufe unterrühren. Den Rest des Mehlgemisches mit Anis auf die gleiche Weise unterarbeiten.

3. Von dem Teig mit 2 Teelöffeln haselnussgroße Häufchen auf gefettete, mit Mehl bestäubte Backbleche setzen (genügend Zwischenraum lassen!).

4. Die Backbleche nebeneinander (nicht übereinander) stellen und die Teighäufchen über Nacht in einem warmen Raum trocknen lassen, danach die Backbleche in den Backofen schieben, backen.

Ober-/Unterhitze:
140–160 °C (vorgeheizt)
Heißluft:
120–140 °C (vorgeheizt)
Gas: etwa Stufe 1 (vorgeheizt)
Backzeit: 20–25 Minuten.

5. Das Gebäck sofort vom Backblech lösen und auf einem Kuchenrost erkalten lassen.

Tipp

Die Anisplätzchen sind bis zu 2 Wochen haltbar, trocknen aber etwas nach.

Elisenlebkuchen

Zutaten:

Für den Teig:
75 g Orangeat oder Zitronat
2 Eier (Größe M)
200 g Farinzucker
1 Pck. Vanillin-Zucker
1 Msp. gemahlene Nelken
½ Fläschchen Rum-Aroma
2 Tropfen Zitronen-Aroma
125 g mit der Schale gemahlene Mandeln
75–125 g gemahlene Haselnusskerne
etwa 40 Oblaten (Ø etwa 6 cm)

Für den hellen Guss:
150 g Puderzucker
1–2 EL heißes Wasser

Für den dunklen Guss:
75 g Schokolade
10 g Kokosfett

1. Orangeat oder Zitronat sehr fein würfeln.

2. Eier mit Handrührgerät mit Rührbesen auf höchster Stufe in 1 Minute schaumig schlagen. Farinzucker und Vanillin-Zucker in 1 Minute einstreuen, dann noch 2 Minuten schlagen.

3. Orangeat oder Zitronat, Nelken, Aromen, Mandeln und Haselnüsse unterrühren (Menge der Nüsse richtet sich nach der Eigröße), der Teig muss streichfähig bleiben.

4. Auf jede Oblate einen gehäuften Teelöffel des Teiges geben, mit einem in Wasser getauchten Messer bergförmig verstreichen, auf ein Backblech legen.

Ober-/Unterhitze:
etwa 160 °C (vorgeheizt)
Heißluft:
etwa 140 °C (vorgeheizt)
Gas: Stufe 1–2 (vorgeheizt)
Backzeit: etwa 25 Minuten.

5. Puderzucker mit heißem Wasser verrühren, die Hälfte der Lebkuchen sofort damit bestreichen.

6. Schokolade und Kokosfett auflösen, die anderen, abgekühlten Lebkuchen damit bestreichen.

Eierkränzchen (Foto)

Zutaten:

Für den Rührteig:
250 g weiche Butter
oder Margarine
125 g Zucker
2 Pck. Vanillin-Zucker
1 Ei (Größe M)
3 Eigelb (Größe M)
250 g Weizenmehl
150 g Speisestärke

Für den Guss:
150 g Halbbitter-Kuvertüre
15 g Kokosfett oder
1–2 EL Speiseöl

Hagelzucker
fein gehacktes Zitronat

1. Für den Teig Butter oder Margarine mit Handrührgerät mit Rührbesen auf höchster Stufe geschmeidig rühren. Nach und nach Zucker und Vanillin-Zucker unterrühren, so lange rühren, bis eine gebundene Masse entstanden ist. Nach und nach Ei und Eigelb unterrühren (jeweils etwa ½ Minute).

2. Mehl mit Speisestärke mischen, sieben und portionsweise auf mittlerer Stufe unterrühren. Den Teig in einen Spritzbeutel mit gezackter Tülle füllen, in Form von Kränzchen (Ø etwa 4 cm) auf ein gefettetes, mit Backpapier belegtes Backblech spritzen.

Ober-/Unterhitze:
etwa 200 °C (vorgeheizt)
Heißluft: etwa 180 °C (vorgeheizt)
Gas: Stufe 3–4 (vorgeheizt)
Backzeit: etwa 10 Minuten.

3. Die gebackenen Kränzchen lösen und auf einem Kuchenrost erkalten lassen.

4. Für den Guss Kuvertüre zerkleinern und mit Kokosfett oder Öl in einem kleinen Topf im Wasserbad bei schwacher Hitze zu einer geschmeidigen Masse verrühren. Die Kränzchen zur Hälfte eintauchen, mit Hagelzucker oder Zitronat bestreuen und trocknen lassen.

Vanillekipferl

Zutaten:

Für den Knetteig:
250 g Weizenmehl
1 Msp. Backpulver
125 g Zucker
1 Pck. Bourbon Vanille-Zucker
3 Eigelb (Größe M)
200 g weiche Butter
oder Margarine
125 g abgezogene, gemahlene Mandeln

etwa 50 g Puderzucker
1 Pck. Bourbon Vanille-Zucker

1. Für den Knetteig Mehl mit Backpulver mischen, in eine Rührschüssel sieben. Zucker, Vanille-Zucker, Eigelb, Butter oder Margarine und Mandeln hinzufügen. Die Zutaten mit Handrührgerät mit Knethaken durcharbeiten.

2. Anschließend den Teig auf der Arbeitsfläche zu einem glatten Teig verkneten, sollte er kleben, ihn eine Zeit lang kalt stellen.

3. Aus dem Teig bleistiftdicke Rollen formen, in 5–6 cm lange Stücke schneiden, die Enden etwas dünner rollen und als Hörnchen auf ein Backblech legen.

Ober-/Unterhitze:
etwa 200 °C (vorgeheizt)
Heißluft: etwa 180 °C (vorgeheizt)
Gas: Stufe 3–4 (vorgeheizt)
Backzeit: etwa 10 Minuten.

4. Den Puderzucker sieben, mit dem Vanille-Zucker mischen und die heißen Kipferl damit bestreuen.

Lebkuchensterne

Zutaten:

Für den Rühr-Knet-Teig:
125 g Honig
200 g Zucker
1 Pck. Vanillin-Zucker
150 g Butter oder Margarine
4 EL Milch
3 Tropfen Bittermandel-Aroma
1 Pck. Lebkuchengewürz
400 g Weizenmehl
2 gestr. EL Kakaopulver
100 g Speisestärke
1 Pck. Backpulver

Für den Guss:
200 g gesiebter Puderzucker
2–3 EL Zitronensaft
evtl. Speisefarbe

1. Für den Teig Honig mit Zucker, Vanillin-Zucker, Butter oder Margarine und Milch langsam erwärmen, bis sich Honig und Zucker aufgelöst haben, in eine Rührschüssel geben und abkühlen lassen.

2. Unter die fast erkaltete Masse mit Handrührgerät mit Rührbesen auf höchster Stufe Bittermandel-Aroma und Lebkuchengewürz rühren. Mehl, Kakao, Speisestärke und Backpulver mischen, sieben und ⅔ davon portionsweise auf mittlerer Stufe unterrühren. Den Rest auf der Arbeitsfläche unterkneten. Sollte der Teig kleben, noch etwas Mehl hinzugeben.

3. Den Teig etwa ½ cm dick ausrollen, die Sterne ausstechen und auf gefettete, mit Backpapier belegte Backbleche legen, backen.

Ober-/Unterhitze:
180–200 °C (vorgeheizt)
Heißluft:
160–180 °C (vorgeheizt)
Gas: etwa Stufe 3 (vorgeheizt)
Backzeit: 10–15 Minuten.

4. Für den Guss den Puderzucker und den Zitronensaft zu einer dickflüssigen, spritzfähigen Masse verrühren, nach Belieben mit Speisefarbe einfärben und in ein Papiertütchen füllen. Die Sterne mit dem Guss verzieren und trocknen lassen.

Tipp

Für Baumschmuck in dem ausgetrockneten Teig mit Hilfe eines Stiftes an einer Sternspitze ein Loch ausstechen. Nach dem Backen und Verzieren verschiedenfarbige Bänder durch die Öffnungen ziehen.

Englisches Teegebäck (Foto)

Zutaten:

Für den Teig:
100 g Marzipan-Rohmasse
250 g weiche Butter
100 g brauner Rohrzucker
250 g Weizenmehl
50 g brauner Rohrzucker

1. Marzipan-Rohmasse mit weicher Butter mit Handrührgerät mit Rührbesen auf höchster Stufe in etwa ½ Minute geschmeidig rühren.

2. Nach und nach Rohrzucker unterrühren und so lange rühren, bis eine gebundene Masse entstanden ist. Mehl sieben, esslöffelweise auf mittlerer Stufe unterrühren, Teig 2–3 Stunden kalt stellen.

3. Teig etwa 1–1 ½ cm dick ausrollen, in Streifen von etwa 1 ½ x 6 cm schneiden, auf ein mit Backpapier belegtes Backblech legen.

4. Auf jeden Teigstreifen mit einer Gabel ein Muster einstechen oder Streifen eindrücken, die Teigstreifen mit Rohrzucker bestreuen. Das Backblech in den Backofen schieben.

Ober-/Unterhitze:
etwa 160 °C (vorgeheizt)
Heißluft:
etwa 140 °C (vorgeheizt)
Gas: Stufe 1–2 (vorgeheizt)
Backzeit: 25–30 Minuten.

5. Das Gebäck auf einem Kuchenrost erkalten lassen.

Heidesand

Zutaten:

Für den Teig:
250 g Butter
200 g feinkörniger Zucker
1 Pck. Bourbon Vanille-Zucker
Salz
2–3 EL Milch
375 g Weizenmehl
1 gestr. TL Backpulver

1 Eiweiß (Größe M)
Zucker

1. Butter zerlassen, leicht bräunen und in eine Rührschüssel geben. Kalt stellen.

2. Die wieder fest gewordene Butter mit Handrührgerät mit Rührbesen geschmeidig rühren.

3. Nach und nach Zucker, Vanille-Zucker, Salz und Milch unterrühren. So lange rühren, bis eine gebundene Masse entstanden ist.

4. Mehl und Backpulver mischen, sieben und ⅔ davon portionsweise auf mittlerer Stufe unterrühren.

5. Teigbrei mit dem Rest des Mehls auf der Arbeitsplatte zu einem glatten Teig verkneten. Daraus etwa 3 cm dicke Rollen formen und diese kalt stellen, bis sie hart geworden sind.

6. Eiweiß verschlagen, Rollen damit einstreichen und in dem Zucker wälzen. Rollen in etwa ½ cm dicke Scheiben schneiden. Die Scheiben auf ein mit Backpapier belegtes Backblech legen, in den Backofen schieben.

Ober-/Unterhitze:
180–200 °C (vorgeheizt)
Heißluft:
160–180 °C (vorgeheizt)
Gas: etwa Stufe 3 (vorgeheizt)
Backzeit: 10–15 Minuten.

7. Die Plätzchen auf einem Kuchenrost erkalten lassen.

Vanilleplätzchen

Zutaten:

Für den Knetteig:
250 g Weizenmehl
1 gestr. TL Backpulver
75 g Zucker
2 Pck. Bourbon Vanille-Zucker
1 Ei (Größe M)
125 g weiche Butter

50 g Halbbitter-Kuvertüre

1. Für den Teig Mehl mit Backpulver mischen und in eine Rührschüssel sieben. Zucker, Vanille-Zucker, Ei und Butter hinzufügen. Die Zutaten mit Handrührgerät mit Knethaken zunächst kurz auf niedrigster, dann auf höchster Stufe gut durcharbeiten.

2. Anschließend auf der bemehlten Arbeitsfläche zu einem glatten Teig verkneten, sollte er kleben, ihn eine Zeit lang kalt stellen.

3. Den Teig 3 mm dick ausrollen, Kreise (Ø etwa 4 cm) ausstechen und auf mit Backpapier belegte Backbleche legen.

Ober-/Unterhitze: etwa 200 °C (vorgeheizt)
Heißluft: etwa 180 °C (vorgeheizt)
Gas: Stufe 3–4 (vorgeheizt)
Backzeit: 10 Minuten.

4. Die Plätzchen lösen und auf einem Kuchenrost erkalten lassen.

5. Kuvertüre in einem kleinen Topf im Wasserbad bei schwacher Hitze zu einer geschmeidigen Masse verrühren. Die Plätzchen auf Back- oder Pergamentpapier legen und mit der Kuvertüre besprenkeln.

Zimtsterne

Zutaten:

Für den Teig:
3 Eiweiß (Größe M)
250 g gesiebter Puderzucker
1 Pck. Vanillin-Zucker
3 Tropfen Bittermandel-Aroma
1 TL gemahlener Zimt
275–325 g nicht abgezogene, gemahlene Mandeln

gesiebter Puderzucker
evtl. etwas Wasser

1. Eiweiß mit Handrührgerät mit Rührbesen auf höchster Stufe so steif schlagen, dass ein Messerschnitt sichtbar bleibt. Puderzucker nach und nach unterrühren. Zum Bestreichen der Sterne 3 gehäufte Esslöffel der Masse abnehmen.

2. Vanillin-Zucker, Bittermandel-Aroma, Zimt und die Hälfte der Mandeln vorsichtig auf niedrigster Stufe unter die übrige Masse rühren, von dem Rest der Mandeln so viel unterkneten, dass der Teig kaum noch klebt.

3. Den Teig auf einer mit Puderzucker bestäubten Arbeitsfläche gut ½ cm dick ausrollen. Sterne ausstechen, auf mit Backpapier belegte Backbleche legen, mit der zurückgelassenen Eischneemasse bestreichen (der Guss muss sich glatt auf die Sterne streichen lassen, evtl. einige Tropfen Wasser unterrühren), backen.

Ober-/Unterhitze: etwa 160 °C (vorgeheizt, unteres Drittel)
Heißluft:
etwa 140 °C (vorgeheizt)
Gas: Stufe 1–2 (vorgeheizt)
Backzeit: 20–30 Minuten.

4. Das Gebäck vom Backblech lösen (es muss sich beim Herausnehmen auf der Unterseite noch etwas weich anfühlen) und auf einem Kuchenrost erkalten lassen. Die Zimtsterne am besten in Kartons aufbewahren.

Mandelbögen (Foto)

Zutaten:

160 g abgezogene, gemahlene Mandeln
1 EL Weizenmehl
3 Eiweiß (Größe M)
1 Prise Salz
150 g feinkörniger Zucker
1 Pck. Vanillin-Zucker
1 Msp. Zimtpulver
1 Eigelb (Größe M)
20 g abgezogene, gehobelte Mandeln
20 g gehackte Pistazien
20 g Hagelzucker

1. Mandeln mit Mehl vermischen. Eiweiß mit Salz steif schlagen, Zucker, Vanillin-Zucker und Zimt nach und nach einrieseln lassen.

2. Die Mandel-Mehl-Mischung und Eigelb hineingeben und so lange rühren, bis eine weiche Masse entstanden ist.

3. Die Masse in einen Spritzbeutel mit glatter Tülle füllen, auf ein gefettetes, bemehltes Backblech in großen Abständen walnussgroße Kugeln spritzen, mit Mandeln, Pistazien oder Hagelzucker bestreuen.

Ober-/Unterhitze:
etwa 180 °C (vorgeheizt)
Heißluft:
etwa 160 °C (vorgeheizt)
Gas: Stufe 2–3 (vorgeheizt)
Backzeit: 8–10 Minuten.

4. Das Backblech aus dem Ofen nehmen, die Plätzchen einzeln ablösen, sofort über einer Teigrolle zu Bogen biegen und auf einem Kuchenrost abkühlen lassen.

Spritzgebäck

Zutaten:

Für den Rühr-Knet-Teig:
250 g weiche Butter oder Margarine
175 g Zucker
1 Pck. Vanillin-Zucker
1 Prise Salz
350 g Weizenmehl
75 g abgezogene, gemahlene Mandeln
10 g gesiebtes Kakaopulver
10 g Zucker

1. Für den Teig Butter oder Margarine mit Handrührgerät mit Rührbesen auf höchster Stufe geschmeidig rühren. Nach und nach Zucker, Vanillin-Zucker und Salz unterrühren. So lange rühren, bis eine gebundene Masse entstanden ist. Mehl sieben, ⅔ davon portionsweise auf mittlerer Stufe unterrühren.

2. Den Teig mit dem restlichen Mehl und den Mandeln auf der Arbeitsfläche zu einem glatten Teig verkneten und zu Rollen formen (knapp ⅓ des Teiges zurücklassen). Diese in einen Fleischwolf mit Gebäckvorsatz oder eine Gebäckpresse geben und auf ein mit Backpapier belegtes Backblech Stangen, S-Formen und Kringel legen oder spritzen.

3. Kakao mit Zucker mischen und unter den zurückgelassenen Teig kneten. Etwas von dem dunklen zusammen mit dem hellen Teig in die Gebäckpresse gebe, auf ein gefettetes Backblech spritzen.

Ober-/Unterhitze:
etwa 200 °C (vorgeheizt)
Heißluft: etwa 180 °C (vorgeheizt)
Gas: Stufe 3–4 (vorgeheizt)
Backzeit: 10–15 Minuten.

4. Das Gebäck lösen und auf einem Kuchenrost erkalten lassen.

Florentiner

Zutaten:

Für den Teig:
50 g Orangeat
50 g Zitronat (Sukkade)
100 g Butter
100 g Zucker
3 EL flüssiger Honig
250 ml (¼ l) Schlagsahne
250 g abgezogene, gehobelte Mandeln
50 g gehobelte Haselnusskerne

Für den Guss:
100 g Zartbitterschokolade
20 g Kokosfett

1. Orangeat und Zitronat sehr fein hacken. Butter, Zucker und Honig in einem Topf zerlassen, erhitzen, etwa 5 Minuten bräunen lassen. Sahne hinzufügen, rühren, bis der Zucker gelöst ist. Orangeat, Zitronat, Mandeln und Haselnüsse hinzufügen. Die Masse bei schwacher Hitze köcheln lassen, bis sie gebunden ist.

2. Von der Masse mit 2 Teelöffeln Häufchen in Abständen auf ein mit Backpapier belegtes Backblech setzen und in den Backofen schieben.

Ober-/Unterhitze: 180–200 °C (vorgeheizt)
Heißluft: 160–180 °C (vorgeheizt)
Gas: etwa Stufe 3 (vorgeheizt)
Backzeit: etwa 10 Minuten.

3. Florentiner aus dem Backofen nehmen, evtl. mit Ausstechförmchen nachformen, vom Backpapier lösen, auf einem Kuchenrost erkalten lassen.

4. Für den Guss Schokolade in kleine Stücke brechen, mit dem Kokosfett in einem kleinen Topf im Wasserbad bei schwacher Hitze geschmeidig rühren. Den Guss mit einem Pinsel auf die Unterseite der erkalteten Florentiner auftragen, fest werden lassen.

Zutaten:

Für den hellen Teig:
250 g Weizenmehl
1 gestr. TL Backpulver
150 g Zucker
1 Pck. Vanillin-Zucker
1 Prise Salz
1 Fläschchen Rum-Aroma
1 Ei (Größe M)
125 g weiche Butter
oder Margarine

Für den dunklen Teig:
15 g Kakaopulver
15 g Zucker
1 EL Milch
Eiweiß

Schwarz-Weiß-Gebäck

1. Für den hellen Teig Mehl mit Backpulver mischen und in eine Rührschüssel sieben. Zucker, Vanillin-Zucker, Salz, Rum-Aroma, Ei, Butter oder Margarine hinzufügen.

2. Die Zutaten mit Handrührgerät mit Knethaken zunächst kurz auf niedrigster, dann auf höchster Stufe gut durcharbeiten.

3. Anschließend auf der Arbeitsfläche zu einem glatten Teig verkneten. Sollte er kleben, ihn eine Zeit lang kalt stellen.

4. Für den dunklen Teig Kakao mit Zucker und Milch verrühren und unter die Hälfte des hellen Teiges kneten.

5. Die beiden Teige folgendermaßen zusammensetzen:

6. Für ein Schneckenmuster den hellen und den dunklen Teig zu gleichmäßig großen Rechtecken ausrollen, eines dünn mit Eiweiß bestreichen, das zweite darauf legen, ebenfalls bestreichen, fest zusammenwickeln.

7. Für ein Schachbrettmuster aus dem je 1 cm dick ausgerollten hellen und dunklen Teig jeweils 9 je 1 cm breite Streifen von gleicher Länge schneiden und mit Eiweiß bestreichen. Abwechselnd je 3 Streifen nebeneinander und je 3 Streifen übereinander legen, so dass ein Schachbrettmuster entsteht. In dünn ausgerollten Teig wickeln.

8. Aus dem dunklen Teig eine 3 cm dicke Rolle formen. Den hellen Teig ½ cm dick ausrollen, mit Eiweiß bestreichen und die dunkle Rolle darin einwickeln.

9. Aus dem dunklen Teig 2 cm dicke Rollen formen und die Rollen mit Eiweiß bestreichen.

10. Den hellen Teig ½ cm dick ausrollen, den dunklen Teig darin einwickeln. Jeweils 3 Rollen zusammensetzen. Sämtliche Teigstangen eine Zeit lang kalt stellen, in gleichmäßige Scheiben, knapp ½ cm dick, schneiden, auf ein mit Backpapier belegtes Backblech legen und in den Backofen schieben.

Ober-/Unterhitze:
180–200 °C (vorgeheizt)
Heißluft:
160–180 °C (vorgeheizt)
Gas: etwa Stufe 3 (vorgeheizt)
Backzeit: 10–15 Minuten.

11. Das Gebäck auf einem Kuchenrost erkalten lassen.

Plätzchen mit Guss & Füllung

Gefüllte Haselnussmakronen

Zutaten:

Für die Makronenmasse:
3 Eiweiß (Größe M)
1 TL Zitronensaft
1 Prise Salz
1 Msp. gemahlener Zimt
150 g Zucker
125 g gemahlene Haselnusskerne

Für die Füllung:
50 g Butterschmalz
50 ml Schlagsahne
200 g Zartbitter-Kuvertüre
2 EL Rum oder Weinbrand

1. Für die Makronenmasse Eiweiß mit Zitronensaft und Salz mit Handrührgerät mit Rührbesen sehr steif schlagen. Zimt und Zucker unter ständigem Rühren langsam einrieseln lassen. So lange rühren, bis eine sehr feste, glänzende Eiweißmasse entstanden ist. Die gemahlenen Haselnusskerne kurz unterheben.

2. Die Masse in einen Spritzbeutel mit Lochtülle füllen und kleine Häufchen auf mit Backpapier belegte Backbleche spritzen. Die Bleche in den Backofen schieben.

Ober-/Unterhitze:
etwa 180 °C (vorgeheizt)
Heißluft:
etwa 160 °C (vorgeheizt)
Gas: Stufe 2–3 (vorgeheizt)
Backzeit: etwa 15 Minuten.

3. Die Makronen auf einem Kuchenrost erkalten lassen.

4. Für die Füllung Butterschmalz mit Sahne und der in kleine Stücke geschnittenen Kuvertüre in einem Topf schmelzen und unter Rühren langsam erhitzen. Rum oder Weinbrand zufügen.

5. Die Masse im kalten Wasserbad unter Rühren wieder abkühlen lassen, evtl. kurz in den Kühlschrank stellen. Dann die Masse mit einem Schneebesen kräftig durchrühren.

6. Die Trüffelmasse in einen Spritzbeutel mit kleiner Sterntülle füllen. Jeweils auf die Unterseite einer Makrone die Trüffelmasse spritzen, eine zweite Makrone darauf setzen und etwas andrücken.

Nuss-Marzipan-Taler

Zutaten:

Für den Knetteig:
150 g Weizenmehl
½ gestr. TL Backpulver
75 g Zucker
1 Pck. Vanillin-Zucker
2 EL Wasser
125 g weiche Butter oder Margarine
150 g gemahlene Haselnusskerne

Für den Belag:
200 g Marzipan-Rohmasse
50 g gesiebter Puderzucker

gesiebter Puderzucker
Johannisbeergelee

Für den Guss:
75 g gesiebter Puderzucker
2 EL Rum oder Zitronensaft

gehackte Haselnusskerne
gehackte Pistazienkerne
halbierte, kandierte Kirschen

1. Für den Knetteig Mehl mit Backpulver mischen und in eine Rührschüssel sieben. Zucker, Vanillin-Zucker, Wasser, Butter oder Margarine und Haselnüsse hinzufügen. Die Zutaten mit Handrührgerät mit Knethaken zunächst kurz auf niedrigster, dann auf höchster Stufe gut durcharbeiten.

2. Anschließend auf der bemehlten Arbeitsfläche zu einem glatten Teig verkneten, sollte er kleben, ihn eine Zeit lang kalt stellen.

3. Den Teig auf der leicht bemehlten Arbeitsfläche etwa 2 mm dick ausrollen, Kreise (Ø 3–4 cm) ausstechen und auf mit Backpapier belegte Backbleche legen, backen.

Ober-/Unterhitze:
etwa 200 °C (vorgeheizt)
Heißluft:
etwa 180 °C (vorgeheizt)
Gas: Stufe 3–4 (vorgeheizt)
Backzeit: etwa 10 Minuten.

4. Die Plätzchen auf einem Kuchenrost erkalten lassen.

5. Für den Belag Marzipan-Rohmasse mit Puderzucker gut verkneten, dünn auf Puderzucker ausrollen und Kreise in der Größe der Teigplätzchen ausstechen. Die erkalteten Teigplätzchen dünn mit Johannisbeergelee bestreichen und die Marzipankreise darauf setzen.

6. Für den Guss Puderzucker mit Rum oder Zitronensaft zu einer dünnflüssigen Masse verrühren und die Oberflächen der Plätzchen dünn damit bestreichen. Mit Haselnüssen, Pistazien und Kirschen garnieren.

Terrassen

Zutaten:

Für den Knetteig:
300 g Weizenmehl
2 gestr. TL Backpulver
100 g Zucker
1 Pck. Vanillin-Zucker
1 Ei (Größe M)
150 g weiche Butter

Gelee oder Konfitüre
gesiebter Puderzucker

1. Mehl mit Backpulver mischen und in eine Rührschüssel sieben. Zucker, Vanillin-Zucker, Ei und Butter hinzufügen. Die Zutaten mit Handrührgerät mit Knethaken zunächst auf niedrigster, dann auf höchster Stufe gut durcharbeiten, anschließend auf der Arbeitsfläche zu einem glatten Teig verkneten. Sollte er kleben, ihn eine Zeit lang kalt stellen.

2. Teig dünn ausrollen. Plätzchen von gleicher Form, aber in drei verschiedenen Größen (die gleiche Anzahl von jeder Größe) ausstechen, auf ein mit Backpapier belegtes Backblech legen und in den Backofen schieben.

Ober-/Unterhitze: 180–200 °C (vorgeheizt)
Heißluft: 160–180 °C (vorgeheizt)
Gas: etwa Stufe 3 (vorgeheizt)
Backzeit: 8–10 Minuten.

3. Plätzchen auf einem Kuchenrost abkühlen lassen. Gelee oder Konfitüre durch ein Sieb streichen, von je drei Plätzchen verschiedener Größe die beiden kleinen auf der Unterseite damit bestreichen und terrassenförmig auf das größte Plätzchen setzen.

4. Plätzchen mit Puderzucker bestäuben, mit einem Konfitüretüpfchen garnieren.

Gefüllte Honigringe

Zutaten:

Für den Knetteig:
320 g Weizenmehl
100 g Puderzucker
1 Pck. Vanillin-Zucker
1 Prise Salz
1 Ei (Größe M)
200 g weiche Butter

Für die Füllung:
175 g Honig
200 g kandierte, klein geschnittene Früchte (Früchtemix)
50 g abgezogene, gehackte Mandeln

1. Für den Teig Mehl und Puderzucker in eine Rührschüssel sieben. Restliche Zutaten hinzufügen und alles mit Handrührgerät mit Knethaken zunächst auf niedrigster, dann auf höchster Stufe zu einem Teig verarbeiten. Auf der Arbeitsfläche zu einer Rolle formen und in Folie gewickelt über Nacht kalt stellen.

2. Den Teig portionsweise durchkneten, dünn ausrollen und mit gezacktem Ausstechförmchen (Ø 4½–5 cm) Plätzchen ausstechen. Aus der Hälfte der Plätzchen die Mitte (Ø 2–2 ½ cm) ausstechen, so dass Ringe entstehen.

3. Die Ringe auf die Plätzchen legen und auf Backbleche (mit Backpapier belegt) legen.

4. Für die Füllung Honig erwärmen, Früchte und Mandeln unterrühren und etwa 2 Minuten schwach kochen lassen. Etwas abkühlen lassen und in die Ringe füllen. Die Bleche in den Backofen schieben.

Ober-/Unterhitze:
etwa 180 °C (vorgeheizt)
Heißluft:
etwa 160 °C (vorgeheizt)
Gas: Stufe 2–3 (vorgeheizt)
Backzeit: etwa 12 Minuten.

5. Die Honigringe auf einem Kuchenrost erkalten lassen.

Walnusskringel

Zutaten:

Für den Rührteig:
150 g weiche Butter
175 g gesiebter Puderzucker
1 Pck. Vanillin-Zucker
2 Eigelb (Größe M)
Schale von ½ Orange (unbehandelt)
4 EL Orangensaft
2 EL Kirschwasser
2 EL Schlagsahne
350 g Weizenmehl
1 gestr. TL Backpulver

Zum Belegen:
etwa 100 g Walnusskernhälften

1. Für den Teig Butter mit Handrührgerät mit Rührbesen geschmeidig rühren, Puderzucker und Vanillin-Zucker mischen, nach und nach unterrühren, bis eine gebundene Masse entstanden ist. Eigelb einzeln unterrühren (jedes Eigelb etwa ½ Minute).

2. Orangenschale, -saft, Kirschwasser und Sahne zugeben. Mehl mit Backpulver mischen, portionsweise darüber sieben und unterrühren.

3. Den Teig portionsweise in einen Spritzbeutel mit großer Lochtülle füllen und Ringe (Ø 4 cm) auf mit Backpapier belegte Backbleche spritzen.

4. Die Walnusskernhälften evtl. vierteln und auf die Kringel legen. Die Backbleche in den Backofen schieben.

Ober-/Unterhitze:
etwa 180 °C (vorgeheizt)
Heißluft: etwa 160 °C (vorgeheizt)
Gas: Stufe 2–3 (vorgeheizt)
Backzeit: 10–13 Minuten.

5. Die Walnusskringel auf einem Kuchenrost erkalten lassen.

Rumtopf-Törtchen (10 Stück)

Zutaten:

Für den Knetteig:
250 g Weizenmehl
1 Pck. Vanillin-Zucker
1 Prise Salz
200 g weiche Butter oder Margarine
1 Becher (150 g) Crème fraîche

1 Eigelb (Größe M)
1 EL Milch
Hagelzucker

Für die Füllung:
250 g Rumtopf-Früchte
100 ml Rumtopf-Flüssigkeit
100 ml Wasser
1 Pck. Tortenguss, rot
250 ml (¼ l) Schlagsahne
1 Pck. Sahnesteif
1 Pck. Vanillin-Zucker

1. Für den Teig Mehl in eine Rührschüssel sieben. Vanillin-Zucker, Salz, Butter oder Margarine und Crème fraîche hinzufügen. Die Zutaten mit Handrührgerät mit Knethaken zunächst kurz auf niedrigster, dann auf höchster Stufe gut durcharbeiten.

2. Anschließend auf der bemehlten Arbeitsfläche zu einem glatten Teig verkneten. Sollte der Teig kleben, ihn eine Zeit lang kalt stellen.

3. Den Teig etwa 3 mm dick ausrollen, mit einer Form (Ø 8 cm) 20 Plätzchen ausstechen, auf ein mit Backpapier belegtes Backblech legen und mehrmals mit einer Gabel einstechen.

4. Eigelb mit Milch verschlagen und die Teigplätzchen damit bestreichen. Die Hälfte der Plätzchen mit Hagelzucker bestreuen. Die Teigplätzchen nochmals 30 Minuten ruhen lassen, erst dann das Backblech in den Backofen schieben.

Ober-/Unterhitze:
etwa 200 °C (vorgeheizt)
Heißluft:
etwa 180 °C (vorgeheizt)
Gas: Stufe 3–4 (vorgeheizt)
Backzeit: etwa 12 Minuten.

5. Die Plätzchen lösen und auf einem Kuchenrost erkalten lassen.

6. Für die Füllung die Rumtopf-Früchte auf einem Sieb gut abtropfen lassen, dabei die Flüssigkeit auffangen, 100 ml abmessen und mit Wasser auf 200 ml ergänzen.

7. Aus Tortenguss und der abgemessenen Flüssigkeit nach Packungsanleitung – aber ohne Zucker – einen Guss zubereiten und die Früchte darunter rühren.

8. Die Sahne mit Sahnesteif und Vanillin-Zucker steif schlagen und in einen Spritzbeutel mit Lochtülle füllen. Auf die nicht mit Hagelzucker bestreuten Plätzchen in die Mitte jeweils etwas von der Rumtopf-Füllung geben, einen doppelten Sahnekranz darum spritzen und mit den bestreuten Plätzchen belegen.

Abwandlung: Anstelle der Rumtopf-Früchte können auch andere Früchte, z. B. TK-Beerenfrüchte, verwendet werden. Dann die Rumtopfflüssigkeit durch Fruchtsaft oder eine Fruchtsaft-Wein-Mischung ersetzen.

Kokosplätzchen

Zutaten:

Für den Knetteig:
250 g Weizenmehl
1 Msp. Backpulver
75 g Zucker
1 Pck. Vanillin-Zucker
2 Eigelb (Größe M)
125 g weiche Butter
oder Margarine

Für den Belag:
3 Eiweiß (Größe M)
150 g Zucker
175 g Kokosraspel
3 Tropfen Bittermandel-Aroma

Zum Bestreichen:
1 Eigelb (Größe M)
1 TL Milch

1. Für den Teig Mehl mit Backpulver mischen und in eine Rührschüssel sieben. Zucker, Vanillin-Zucker, Eigelb und Butter oder Margarine hinzufügen.

2. Die Zutaten mit Handrührgerät mit Knethaken zunächst kurz auf niedrigster, dann auf höchster Stufe gut durcharbeiten. Anschließend auf der Arbeitsfläche zu einem glatten Teig verkneten, sollte er kleben, ihn eine Zeit lang kalt stellen.

3. Den Teig dünn ausrollen und gleichviele Kreise in zwei verschiedenen Größen (Ø etwa 4,5 und 2 cm) ausstechen. Die größeren Kreise auf ein mit Backpapier belegtes Backblech legen.

4. Für den Belag Eiweiß sehr steif schlagen, so dass ein Messerschnitt sichtbar bleibt. Zucker portionsweise unterschlagen. Kokosraspel und Bittermandel-Aroma unterheben und die Kokosmasse in Häufchen auf die Teigplätzchen geben. Jeweils ein kleines Teigplätzchen schräg daranlegen.

5. Zum Bestreichen Eigelb mit Milch verschlagen und die kleinen Teigplätzchen damit bestreichen, backen.

Ober-/Unterhitze:
etwa 200 °C (vorgeheizt)
Heißluft:
etwa 180 °C (vorgeheizt)
Gas: Stufe 3–4 (vorgeheizt)
Backzeit: 10–15 Minuten.

6. Die Kokosplätzchen auf einem Kuchenrost erkalten lassen.

Tipp

Der Teig kann zusätzlich mit geriebener Orangenschale gewürzt werden. Weihnachtlich wird der Belag durch Zugabe von ½ Teelöffel gemahlenem Zimt. Nach dem Bestreichen der kleinen Teigplätzchen können sie zusätzlich mit Kokosraspeln bestreut werden.

Dukatenplätzchen

Zutaten:

Für den Knetteig:
250 g Weizenmehl
1 gestr. TL Backpulver
75 g Zucker
1 Pck. Vanillin-Zucker
Salz
1 Ei (Größe M)
1 EL Milch
125 g weiche Butter

Für die Füllung:
125 g Kokosfett
75 g Puderzucker
30 g Kakaopulver
1 Pck. Vanillin-Zucker
einige Tropfen Rum-Aroma
1 Ei (Größe M)

Für den Guss:
etwa 75 g Zartbitter-Kuvertüre
etwas Kokosfett

1. Für den Teig Mehl mit Backpulver mischen, in eine Rührschüssel sieben, die übrigen Zutaten hinzufügen, mit Handrührgerät mit Knethaken zunächst kurz auf niedrigster, dann auf höchster Stufe gut durcharbeiten. Anschließend auf der Arbeitsfläche zu einem glatten Teig verkneten, sollte er kleben, ihn eine Zeit lang kalt stellen.

2. Teig dünn ausrollen, mit einer runden Form (Ø 3–4 cm) Plätzchen ausstechen, auf ein mit Backpapier belegtes Backblech legen und in den Backofen schieben.

Ober-/Unterhitze: 180–200 °C (vorgeheizt)
Heißluft: 160–180 °C (vorgeheizt)
Gas: etwa Stufe 3 (vorgeheizt)
Backzeit: etwa 10 Minuten.

3. Die Plätzchen auf einem Kuchenrost erkalten lassen.

4. Für die Füllung Kokosfett zerlassen, kalt stellen, Puderzucker mit Kakaopulver mischen, in eine Rührschüssel sieben.

5. Vanillin-Zucker und Rum-Aroma hinzufügen, nach und nach mit Ei und lauwarmem Kokosfett verrühren, die Füllung kalt stellen. Sobald sie etwas fester ist, die Hälfte der Plätzchen auf der Unterseite damit bestreichen, die übrigen darauf legen. Die Plätzchen kalt stellen.

6. Für den Guss Kuvertüre und Kokosfett in einem kleinen Topf im Wasserbad bei schwacher Hitze zu einer geschmeidigen Masse verrühren, die Plätzchen (wenn die Füllung fest geworden ist) bis knapp zur Hälfte hineintauchen.

Zutaten:

Für den Rühr-Knet-Teig:
1 Ei (Größe M)
1 Eigelb (Größe M)
125 g Zucker
1 Pck. Vanillin-Zucker
1 Prise Salz
1 geh. TL Instant-Kaffeepulver
60 g aufgelöste, abgekühlte Zartbitterschokolade
etwa 225 g Haselnusskerne
1 Msp. Backpulver

Für den Guss:
1 Eiweiß (Größe M)
50 g Puderzucker
evtl. 2–3 Tropfen Wasser

Schoko-Nuss-Sterne (Foto)

1. Für den Teig Ei, Eigelb, Zucker, Vanillin-Zucker, Salz und Kaffeepulver mit dem Handrührgerät mit Rührbesen auf höchster Stufe schaumig schlagen.

2. Schokolade unter die Eiermasse rühren. Haselnusskerne mit Backpulver mischen, ⅔ davon auf mittlerer Stufe unterrühren, den Rest unterkneten. Den Teig kalt stellen.

3. Für den Guss Eiweiß steif schlagen. Puderzucker sieben und esslöffelweise unter den Eischnee schlagen. Evtl. Wasser unterschlagen, damit die Masse streichfähig ist.

4. Den Teig etwa ½ cm dick auf der leicht bemehlten Arbeitsfläche ausrollen. Sterne ausstechen und auf mit Backpapier belegte Backbleche legen. Die Sterne dick mit dem Guss bestreichen, backen.

Ober-/Unterhitze:
etwa 160 °C (vorgeheizt)
Heißluft:
etwa 140 °C (vorgeheizt)
Gas: Stufe 1–2 (vorgeheizt)
Backzeit: 20–30 Minuten.

5. Das Gebäck lösen und auf einem Kuchenrost erkalten lassen.

Zutaten:

Für den Knetteig:
375 g Weizenmehl
1 gestr. TL Backpulver
200 g Zucker
1 Pck. Vanillin-Zucker
250 g weiche Butter
125 g nicht abgezogene, gemahlene Mandeln

125 g Johannisbeergelee

Spitzbuben

1. Für den Teig Mehl mit Backpulver mischen und in eine Rührschüssel sieben. Zucker, Vanillin-Zucker, Butter und Mandeln hinzufügen. Die Zutaten mit Handrührgerät mit Knethaken zunächst kurz auf niedrigster, dann auf höchster Stufe gut durcharbeiten.

2. Anschließend auf der Arbeitsfläche zu einem glatten Teig verkneten. Sollte er kleben, ihn eine Zeit lang kalt stellen.

3. Den Teig dünn ausrollen, mit einer runden Form (Ø etwa 4 cm) ausstechen und auf mit Backpapier belegte Backbleche legen, backen.

Ober-/Unterhitze:
etwa 200 °C (vorgeheizt)
Heißluft:
etwa 180 °C (vorgeheizt)
Gas: Stufe 3–4 (vorgeheizt)
Backzeit: etwa 10 Minuten.

4. Die Plätzchen lösen und auf einem Kuchenrost erkalten lassen. Die Hälfte der Plätzchen auf der Unterseite mit Johannisbeergelee bestreichen, die übrigen darauf legen und gut andrücken.

Zutaten:

Für den Knetteig:
250 g Weizenmehl
1 Msp. Backpulver
100 g Zucker
1 Pck. Vanillin-Zucker
je 1 Msp. Zimt, Kardamom, Nelken und Muskatblüte (alles gemahlen)
1 Ei (Größe M)
125 g weiche Butter

Für den Guss:
100 g Halbbitter-Kuvertüre
15 g Kokosfett

bunte Zuckerstreusel

Bunte Sterne

1. Für den Teig Mehl mit Backpulver mischen und in eine Rührschüssel sieben. Zucker, Vanillin-Zucker, Gewürze, Ei und Butter hinzufügen.

2. Die Zutaten mit Handrührgerät mit Knethaken zunächst kurz auf niedrigster, dann auf höchster Stufe gut durcharbeiten. Anschließend auf der Arbeitsfläche zu einem glatten Teig verkneten, sollte er kleben, ihn eine Zeit lang kalt stellen.

3. Den Teig auf der leicht bemehlten Arbeitsfläche portionsweise dünn ausrollen. Die Sterne in zwei Größen (die gleiche Anzahl von jeder Größe) ausstechen und auf mit Backpapier belegte Backbleche legen, backen.

Ober-/Unterhitze:
etwa 200 °C (vorgeheizt)
Heißluft:
etwa 180 °C (vorgeheizt)
Gas: Stufe 3–4 (vorgeheizt)
Backzeit: 8–10 Minuten.

4. Das Gebäck sofort lösen und auf einem Kuchenrost erkalten lassen.

5. Für den Guss die Kuvertüre und das Kokosfett in einem kleinen Topf im Wasserbad bei schwacher Hitze zu einer geschmeidigen Masse verrühren. Die großen Sterne damit bestreichen, die kleinen so darauf legen, dass die braunen Spitzen der unteren Sterne zu sehen sind, diese mit Zuckerstreuseln bestreuen und fest werden lassen.

Tipp

Der Teig kann anstatt mit weihnachtlichen Gewürzen auch mit geriebener Zitronen- oder Orangenschale gewürzt werden. Zum Bestreuen sind Schokoladenstreusel, Kokosraspel und gehackte Mandeln geeignet.

Süße Muffins

Zutaten:

Für den Teig:
125 g Heidelbeeren
125 g weiches Butterschmalz
125 g Zucker
2 Pck. Vanillin-Zucker
2 Eier (Größe M)
250 g Weizenmehl
2 gestr. TL Backpulver
125 ml (⅛ l) Buttermilch

Für den Guss:
75–100 g weiße Kuvertüre

Riesen-Muffins (12 Stück)

1. Heidelbeeren putzen, waschen, auf Küchenpapier abtropfen lassen.

2. Für den Teig Butterschmalz mit Zucker und Vanillin-Zucker mit Handrührgerät mit Rührbesen so lange schaumig rühren, bis die Masse sehr hell wird. Eier unterrühren (jedes Ei etwa ½ Minute). Mehl mit Backpulver mischen, sieben und abwechselnd mit der Buttermilch portionsweise auf mittlerer Stufe unterrühren.

3. Heidelbeeren vorsichtig unter den Teig heben. Den Teig in 12 gefettete Muffinsförmchen geben und die Form auf dem Rost in den Backofen schieben.

Ober-/Unterhitze:
etwa 180 °C (vorgeheizt)
Heißluft:
etwa 160 °C (vorgeheizt)
Gas: etwa Stufe 3 (vorgeheizt)
Backzeit: 25–30 Minuten.

4. Die Muffins etwa 10 Minuten stehen lassen, aus den Förmchen lösen und erkalten lassen.

5. Für den Guss Kuvertüre in einem kleinen Topf im Wasserbad bei schwacher Hitze zu einer geschmeidigen Masse verrühren, mit Hilfe eines kleinen Löffels auf die Muffins sprenkeln.

Tipp

Nach Belieben mit Heidelbeeren oder Schokostreuseln bestreuen oder statt der weißen Kuvertüre Puderzuckerguss verwenden.

Nektarinen-Muffins (12 Stück)

Zutaten:

Für den Teig:
75 g weiche Butter oder Margarine
75 g Zucker
1 Pck. Vanillin-Zucker
4 Eier (Größe M)
150 g Weizenmehl
½ Pck. Backpulver
50 g Vollmilch-Schokoflocken

Für den Belag:
1–2 Nektarinen

Zum Bestäuben:
Puderzucker

1. Für den Teig Butter oder Margarine mit Handrührgerät mit Rührbesen auf höchster Stufe geschmeidig rühren. Zucker und Vanillin-Zucker so lange unterrühren, bis eine gebundene Masse entstanden ist. Nach und nach die Eier unterrühren (jedes Ei etwa ½ Minute). Mehl mit Backpulver mischen und portionsweise unterrühren. Schokoflocken vorsichtig unterheben.

2. Den Teig in 12 gefettete Muffinsförmchen füllen.

3. Für den Belag Nektarinen waschen, trockentupfen, entsteinen und in dünne Spalten schneiden. Fächerartig auf dem Teig verteilen. Muffinsförmchen auf dem Rost in den Backofen schieben.

Ober-/Unterhitze:
etwa 180 °C (vorgeheizt)
Heißluft:
etwa 160 °C (vorgeheizt)
Gas: Stufe 2–3 (vorgeheizt)
Backzeit: etwa 25 Minuten.

4. Muffins 10 Minuten stehen lassen, dann aus den Förmchen lösen und erkalten lassen. Mit Puderzucker bestäuben.

Tipp

Anstatt der Nektarinen 4–6 Aprikosen verwenden.

Glühwein-Muffins (18 Stück)

Zutaten:

Für den Rührteig:
250 g weiche Butter oder Margarine
200 g Zucker
1 Pck. Bourbon Vanille-Zucker
1 Pck. Orangenfrucht
1 Msp. gemahlener Kardamom
1 kleine Msp. gemahlene Nelken
1 TL gemahlener Zimt
4 Eier (Größe M)
200 g Weizenmehl
50 g Speisestärke
3 gestr. TL Backpulver
125 ml (⅛ l) Glühwein
100 g aufgelöste, abgekühlte Halbbitter-Kuvertüre
100 g weiche, entsteinte Trockenpflaumen

etwa 50 g Puderzucker
½–1 EL Glühwein

1. Für den Teig Butter oder Margarine mit Handrührgerät mit Rührbesen auf höchster Stufe schaumig rühren. Nach und nach Zucker, Vanille-Zucker, Orangenfrucht und Gewürze unterrühren, so lange rühren, bis eine gebundene Masse entstanden ist. Eier nach und nach unterrühren (jedes Ei etwa ½ Minute).

2. Mehl mit Speisestärke und Backpulver mischen, sieben und abwechselnd portionsweise mit Glühwein unterrühren. Kuvertüre unterrühren.

3. Den Teig halbieren und eine Hälfte in 9 gefettete, bemehlte Muffinsformen füllen. Die Backpflaumen in kleine Stücke schneiden und unter den restlichen Teig rühren. Den Teig in 9 gefettete, bemehlte Muffinsförmchen füllen. Das Blech auf dem Rost in den Backofen schieben.

Ober-/Unterhitze:
etwa 180 °C (vorgeheizt)
Heißluft:
etwa 160 °C (vorgeheizt)
Gas: Stufe 2–3 (vorgeheizt)
Backzeit: etwa 25 Minuten.

4. Die Muffins 10 Minuten in der Form stehen lassen, dann lösen und auf einem Kuchenrost erkalten lassen.

5. Nach Belieben Streifen oder beliebige Schablonen (z. B. Sterne) aus Papier ausschneiden, auf die Muffins ohne Pflaumen legen und mit Puderzucker bestäuben.

6. 30 g gesiebten Puderzucker mit Glühwein verrühren und die Pflaumen-Glühwein-Muffins damit besprenkeln.

Tipp

Wenn nur ein Muffinsblech mit 12 Mulden vorhanden ist, für die restlichen 6 Muffins jeweils 2 Papierförmchen ineinander stellen. Anstatt Glühwein kann auch Rotwein verwendet werden.

Zutaten:

Für die Fülllung:
125 g getrocknete Aprikosen
200 ml Buttermilch

Für den Teig:
250 g Weizenmehl
½ Pck. Backpulver
50 g gemahlene Haselnusskerne
125 g brauner Rohrzucker
abgeriebene Schale von ½ Orange (unbehandelt) oder 1 Pck. Orangenfrucht
3 EL Orangensaft
1 Ei (Größe M)
60 ml Sonnenblumenöl

Für den Guss:
100 g gesiebter Puderzucker
1 ½–2 EL Zitronen- oder Orangensaft

Orangen-Aprikosen-Muffins (12 Stück)

1. Aprikosen fein würfeln und in der Buttermilch etwa 10 Minuten einweichen.

2. Für den Teig Mehl und Backpulver in eine Rührschüssel sieben, Haselnusskerne und Zucker zugeben und alles miteinander vermischen. Orangenschale oder -frucht, Orangensaft, Ei, Öl und die eingeweichten Aprikosen mit der Buttermilch dazugeben. Die Zutaten in etwa 1 ½ Minuten mit Handrührgerät mit Rührbesen zu einem Teig verarbeiten.

3. Den Teig in 12 gefettete Muffinsförmchen füllen und die Form auf dem Rost in den Backofen schieben.

Ober-/Unterhitze:
etwa 180 °C (vorgeheizt)
Heißluft:
etwa 160 °C (vorgeheizt)
Gas: Stufe 2–3 (vorgeheizt)
Backzeit: 20–25 Minuten.

4. Die Muffins 10 Minuten in den Förmchen stehen lassen, dann aus den Förmchen lösen und auf einen Kuchenrost stellen.

5. Für den Guss Puderzucker mit dem Zitronen- oder Orangensaft zu einer dickflüssigen Masse verrühren, die noch warmen Muffins damit bestreichen.

Schokoladen-Whisky-Muffins

(12 Stück)

Zutaten:

150 g Blockschokolade
100 g Butter oder Margarine
250 g Weizenmehl
2 gestr. TL Backpulver
½ gestr. TL Natron
150 g Zucker
1 Pck. Vanillin-Zucker
1 Prise Salz
2 Eier (Größe M)
100 ml starker Kaffee
4 EL Whisky
50 g Raspelschokolade

Für die Creme:

1–2 Becher (je 125 g) Crème double
2–3 EL Whisky
1 Pck. Vanillin-Zucker
Zucker

1. Blockschokolade in Stücke brechen, mit Butter oder Margarine in einem kleinen Topf im Wasserbad bei schwacher Hitze zu einer geschmeidigen Masse verrühren.

2. Mehl, Backpulver und Natron in eine Rührschüssel sieben, mit Zucker, Vanillin-Zucker und Salz mischen.

3. Eier, Kaffee, Whisky und die Schokolade-Fett-Mischung hinzufügen. Mit Handrührgerät mit Knethaken zu einem glatten Teig verarbeiten. Zuletzt die Raspelschokolade unterrühren.

4. Den Teig in 12 gefettete Muffinsförmchen geben und die Form auf dem Rost in den Backofen schieben.

Ober-/Unterhitze:
etwa 180 °C (vorgeheizt)
Heißluft:
etwa 160 °C (vorgeheizt)
Gas: Stufe 2–3 (vorgeheizt)
Backzeit: etwa 25 Minuten.

5. Die Muffins 10 Minuten in den Förmchen stehen lassen, dann aus den Förmchen lösen und auf einem Kuchenrost erkalten lassen.

6. Für die Creme die Crème double mit Handrührgerät mit Rührbesen anschlagen, Whisky unterheben und mit Vanillin-Zucker und Zucker abschmecken. Die Creme auf die Muffins geben.

Tipp

Wenn Kinder mitessen, sollte der Whisky durch Orangensaft oder Milch ersetzt werden. Anstatt der Raspelschokolade kann 50 g Blockschokolade fein gehackt zugegeben werden.

Schwarz-Weiß-Muffins (12 Stück)

Zutaten:

Für den Teig:
150 g weiche Butter oder Margarine
125 g Zucker
1 Pck. Vanillin-Zucker
4 Eier (Größe M)
150 g Weizenmehl
3 gestr. TL Backpulver
1 Pck. Pudding-Pulver Vanille-Geschmack

1 EL Kakaopulver
1–2 EL Milch

Zum Bestäuben:
Puderzucker

1. Für den Teig Butter oder Margarine mit Handrührgerät mit Rührbesen auf höchster Stufe geschmeidig rühren. Zucker und Vanillin-Zucker mischen und nach und nach unterrühren. So lange rühren, bis eine gebundene Masse entstanden ist.

2. Eier nach und nach unterrühren (jedes Ei etwa ½ Minute). Mehl mit Backpulver und Pudding-Pulver mischen und portionsweise auf mittlerer Stufe unterrühren.

3. Gut die Hälfte des Teiges in 12 gefettete Muffinsförmchen füllen. Kakao sieben, mit der Milch unter den Rest des Teiges rühren. Den Kakaoteig auf dem hellen Teig verteilen. Muffinsförmchen auf dem Rost in den Backofen schieben.

Ober-/Unterhitze:
etwa 180 °C (vorgeheizt)
Heißluft:
etwa 160 °C (vorgeheizt)
Gas: Stufe 2–3 (vorgeheizt)
Backzeit: etwa 25 Minuten.

4. Die Muffins 10 Minuten in der Form auf einem Kuchenrost stehen lassen, dann aus den Förmchen lösen und erkalten lassen.

5. Die Muffins vor dem Servieren mit Puderzucker bestäuben.

Tipp

Die noch warmen Muffins mit Erdbeerkonfitüre bestreichen.

Gewürz-Muffins (12 Stück)

Zutaten:

Für den Teig:
200 g getrocknete Aprikosen
4 EL Rum
125 g weiche Butter
125 g Zucker
1 Pck. Vanillin-Zucker
1 Prise Salz
2 Eier (Größe M)
200 g Weizenmehl
½ Pck. Backpulver
½ TL gemahlener Zimt
¼ TL gemahlener Kardamom
1 Msp. Lebkuchengewürz
1 kleine Msp. gemahlene Nelken

1. Aprikosen fein würfeln und mit dem Rum vermischt 10–15 Minuten durchziehen lassen.

2. Butter geschmeidig rühren, Zucker, Vanillin-Zucker und Salz nach und nach unterrühren. So lange rühren, bis eine gebundene Masse entstanden ist. Eier nach und nach unterrühren (jedes Ei etwa ½ Minute). Mehl und Backpulver mischen, sieben und mit den Gewürzen mischen. Portionsweise unterrühren. Aprikosen mit dem Rum unterheben.

3. Den Teig in 12 gefettete Muffinsförmchen füllen und die Form auf dem Rost in den Backofen schieben.

Ober-/Unterhitze: etwa 200 °C (vorgeheizt)
Heißluft: etwa 180 °C (vorgeheizt)
Gas: Stufe 3–4 (vorgeheizt)
Backzeit: etwa 20 Minuten.

4. Die Muffins etwa 10 Minuten in der Form stehen lassen, dann lösen und auf einem Kuchenrost erkalten lassen.

Zutaten:

60 g weiche Butter
1 TL Zucker
1 Pck. Vanillin-Zucker
1 Prise Salz
150 g Naturjoghurt
2 Eier (Größe M)
200 g Weizenmehl
3 gestr. TL Backpulver

20 g gemahlener Mohn
20 g abgezogene, gehackte Mandeln
2 EL Rosinen
2 EL Schokostreusel

Frühstücks-Muffins (Foto – 12 Stück)

1. Butter mit Handrührgerät mit Rührbesen geschmeidig rühren, Zucker mit Vanillin-Zucker und Salz mischen und so lange unterrühren, bis eine gebundene Masse entstanden ist. Vorsichtig Eier und Joghurt unterrühren. Mehl und Backpulver mischen, portionsweise unterrühren.

2. Den Teig in 12 gefettete Muffinsförmchen füllen und je nach Geschmack mit Mohn, Mandeln, Rosinen oder Schokostreuseln bestreuen. Die Muffins auf dem Rost in den Backofen schieben.

Ober-/Unterhitze:
etwa 180 °C (vorgeheizt)
Heißluft: etwa 160 °C (vorgeheizt)
Gas: Stufe 2–3 (vorgeheizt)
Backzeit: 20–25 Minuten.

3. Die Muffins 10 Minuten in der Form stehen lassen, dann aus den Förmchen lösen und lauwarm servieren.

Zutaten:

60 g weiche Butter
50 g Zucker
1 Pck. Vanillin-Zucker
1 Ei (Größe M)
120 g Weizenmehl
½ TL Backpulver
2–3 EL Milch
125 g Rumtopf-Früchte (gut abgetropft) oder
125 g Rum-Rosinen

Zum Bestreichen:
50 g Quittengelee

Rumtopf-Muffins (Foto Seite 4 – 12 Stück)

1. Butter mit Handrührgerät mit Rührbesen schaumig rühren, Zucker und Vanillin-Zucker nach und nach unterrühren, bis eine gebundene Masse entstanden ist. Ei in etwa ½ Minute unterrühren. Mehl und Backpulver sieben, mischen und abwechselnd mit der Milch portionsweise unterrühren.

2. Rumtopf-Früchte klein schneiden und unter den Teig heben.

3. Den Teig in 12 gefettete Muffinsförmchen füllen und die Form auf dem Rost in den Backofen schieben.

Ober-/Unterhitze:
etwa 180 °C (vorgeheizt)
Heißluft:
etwa 160 °C (vorgeheizt)
Gas: Stufe 2–3 (vorgeheizt)
Backzeit: 20–25 Minuten.

4. Die Muffins 10 Minuten in der Form stehen lassen, lösen und auf einen Kuchenrost stellen.

5. Quittengelee unter Rühren erwärmen und die leicht ausgekühlten Muffins damit bestreichen.

Schoko-Muffins mit Glühweinsirup (12 Stück)

Zutaten:

Für den Rührteig:
150 g weiche Butter oder Margarine
100 g Zucker
1 Pck.Vanillin-Zucker
2 Eier (Größe M)
200 g Weizenmehl
2 gestr. TL Backpulver
25 g Kakaopulver
100 g Raspelschokolade

Für den Glühweinsirup:
250 ml (¼ l) trockener Rotwein
125 g Zucker
1 Zimtstange
1 Pck. Orangenfrucht
etwas Nelke und Kardamom (beides gemahlen)

1. Für den Teig Butter oder Margarine mit Handrührgerät mit Rührbesen auf höchster Stufe geschmeidig rühren. Nach und nach Zucker und Vanillin-Zucker unterrühren, so lange rühren, bis eine gebundene Masse entstanden ist. Eier nach und nach unterrühren (jedes Ei etwa ½ Minute).

2. Mehl mit Backpulver und Kakao mischen und portionsweise unterrühren. Raspelschokolade unterrühren. Den Teig in 12 gefettete, bemehlte Muffinsformen füllen. Das Blech auf dem Rost in den Backofen schieben.

Ober-/Unterhitze:
etwa 180 °C (vorgeheizt)
Heißluft:
etwa 160 °C (vorgeheizt)
Gas: Stufe 2–3 (vorgeheizt)
Backzeit: etwa 25 Minuten.

3. Die Muffins 10 Minuten in der Form stehen lassen, dann lösen und auf einem Kuchenrost erkalten lassen.

4. Für den Glühweinsirup Rotwein, Zucker, Zimtstange, Orangenfrucht, Nelke und Kardamom in einen breiten Kochtopf geben, zum Kochen bringen und etwa 10 Minuten einköcheln lassen. Den Sirup erkalten lassen und zu den Muffins reichen.

Tipp

Den Muffinsteig zusätzlich mit etwas Zimt, Nelke und Kardamom (alles gemahlen) würzen. Der Teig kann auch in Papierbackförmchen gebacken werden, dann jeweils 2 Stück ineinander stellen. Die Muffins eignen sich gut zum Einfrieren, nach dem Auftauen kurz aufbacken. Der Glühweinsirup hält sich im Kühlschrank mehrere Tage.

Zutaten:

Für den Belag:
300 g Rhabarber
etwas Wasser

Für den Rührteig:
100 g weiche Butter
oder Margarine
125 g Zucker
1 Pck. Bourbon
Vanille-Zucker
1 Prise Salz
2 Eier (Größe M)
200 g Weizenmehl
1 gestr. TL Backpulver
50 g Krokant
2 EL Orangenlikör
3 EL Milch

Für die Vanillesauce:
1 Pck. Saucenpulver
Vanille-Geschmack zum
Kochen
30 g Zucker
400 ml Milch
200 ml Schlagsahne

Rhabarber-Muffins (12 Stück)

1. Für den Belag Rhabarber waschen, evtl. abfädeln und in kleine Stücke schneiden. In etwas Wasser bissfest dünsten, abtropfen und abkühlen lassen.

2. Für den Rührteig Butter oder Margarine mit Handrührgerät mit Rührbesen geschmeidig rühren. Zucker mit Vanille-Zucker und Salz mischen, nach und nach unterrühren. So lange rühren, bis eine gebundene Masse entstanden ist.

3. Eier nach und nach unterrühren (jedes Ei etwa ½ Minute). Mehl mit Backpulver mischen, sieben und abwechselnd mit Krokant, Orangenlikör und Milch unterrühren.

4. Den Teig in 12 gefettete Muffinsförmchen füllen. Rhabarber darauf verteilen und leicht eindrücken. Form auf dem Rost in den Backofen schieben.

Ober-/Unterhitze:
etwa 180 °C (vorgeheizt)
Heißluft:
etwa 160 °C (vorgeheizt)
Gas: Stufe 2–3 (vorgeheizt)
Backzeit: etwa 20 Minuten.

5. Nach dem Backen Muffins 10 Minuten in der Form stehen lassen, dann lösen und auf einem Kuchenrost erkalten lassen.

6. Für die Vanillesauce Saucenpulver mit Zucker, aber nur 400 ml Milch, nach Packungsanleitung zubereiten, etwas abkühlen lassen. Sahne steif schlagen, unter die Sauce ziehen und lauwarm zu den Muffins servieren.

Tipp

Der Teig für die Rhabarber-Muffins kann zusätzlich mit 1 Msp. gemahlenem Ingwer gewürzt werden. Eine schnelle Vanillesauce kann aus Vanillesaucenpulver ohne Kochen und 250 ml (¼ l) Milch zubereitet werden. Anstatt Vanillesauce schmeckt auch Vanille-Joghurt zu den Rhabarber-Muffins.

Ananas-Muffins (12 Stück)

Zutaten:

Für den Teig:
125 g Marzipan-Rohmasse, fein gehackt
3 Eier (Größe M)
125 g weiche Butter
100 g Zucker
1 Pck. Vanillin-Zucker
200 g Weizenmehl
3 gestr. TL Backpulver

Für den Belag:
12 Baby-Ananasscheiben (etwa 200 g)

Zum Bestreuen:
Kokosraspel

Zum Bestäuben:
Puderzucker

1. Für den Teig Marzipan mit den Eiern zu einer glatten Masse verrühren. Butter in einer Schüssel mit Handrührgerät mit Rührbesen geschmeidig rühren. Zucker mit Vanillin-Zucker mischen und so lange unterrühren, bis eine gebundene Masse entstanden ist.

2. Marzipan-Eier-Gemisch unterrühren. Mehl mit Backpulver mischen und portionsweise unterarbeiten.

3. Den Teig in 12 gefettete Muffinsförmchen füllen.

4. Für den Belag Ananasscheiben auf einem Sieb abtropfen lassen oder frische Ananas schälen und in Scheiben schneiden. Größere Scheiben evtl. halbieren. Je eine Ananasscheibe auf die Teighäufchen legen. Kokosraspel über die Ananas streuen.

5. Muffinsförmchen auf dem Rost in den Backofen schieben.

Ober-/Unterhitze:
etwa 180 °C (vorgeheizt)
Heißluft:
etwa 160 °C (nicht vorgeheizt)
Gas: Stufe 2–3 (nicht vorgeheizt)
Backzeit: etwa 35 Minuten.

6. Die Muffins 10 Minuten in der Form auf einem Kuchenrost auskühlen lassen, dann aus der Form lösen und erkalten lassen. Muffins mit Puderzucker bestäuben.

Tipp

Anstatt Baby-Ananasscheiben können auch kleine Scheiben Ananas aus der Dose verwendet werden.
Zu den Muffins schmeckt eine Eierlikör- oder Rumsahne. Dafür 250 ml (¼ l) Schlagsahne mit 1 Teelöffel Zucker und 1 Teelöffel Vanillin-Zucker steif schlagen und mit Eierlikör oder 2–3 EL Rum abschmecken.

Zutaten:

Für den Rührteig:
100 g Zartbitter-schokolade
100 g Butterschmalz
2 Eier (Größe M)
75 g Zucker
1 Pck. Vanillin-Zucker
175 g Weizenmehl
2 gestr. TL Backpulver
1 Msp. gemahlener Zimt
50 g Vollkorn-Haferflocken
50 g gehackte Haselnusskerne
100 g weiche Trockenpflaumen
75–100 ml Buttermilch

Für den Guss:
100 g Puderzucker
etwa 2 EL Rum oder Wasser
rote Lebensmittelfarbe
Schokostreusel
Buntzucker

Schoko-Pflaumen-Muffins

(12 Stück)

1. Schokolade und Butterschmalz in einem Topf schmelzen, verrühren und abkühlen lassen. Eier, Zucker und Vanillin-Zucker in einer Rührschüssel mit Handrührgerät mit Rührbesen schaumig schlagen. Butter-Schokoladenmasse unterrühren.

2. Eine Muffinsform mit 12 Mulden ausfetten.

3. Mehl mit Backpulver und Zimt mischen, sieben, Haferflocken mit Nüssen mischen, Pflaumen klein schneiden, nach und nach die Zutaten mit der Buttermilch unter den Teig rühren. In die Form füllen und in den Backofen schieben.

Ober-/Unterhitze:
etwa 180 °C (vorgeheizt)
Heißluft:
etwa 160 °C (vorgeheizt)
Gas: Stufe 2–3 (vorgeheizt)
Backzeit: 20–25 Minuten.

4. Muffins etwa 10 Minuten in der Form ruhen lassen, dann herauslösen und lauwarm abkühlen lassen.

5. Für den Guss Puderzucker mit Rum oder Wasser verrühren und mit Lebensmittelfarbe rosa einfärben. Die Muffins damit überziehen. Mit Schokostreuseln und Buntzucker dekorieren.

Tipp

Die Muffins können anstatt mit Trockenpflaumen auch mit weichen getrockneten Aprikosen oder Birnen zubereitet werden.
Zu den Muffins schmeckt eine halbsteif geschlagene, mit Zucker und Vanillin-Zucker abgeschmeckte Schlagsahne.

Törtchen & Co.

Brioche

Zutaten:

Für den Hefeteig:
100 g Weizenmehl (Type 550) oder doppelgriffiges Mehl
1 Würfel (42 g) frische Hefe
1 gestr. TL Zucker
75–100 ml lauwarmes Wasser
400 g Weizenmehl (Type 550) oder doppelgriffiges Mehl
50 g Puderzucker
2 TL Salz
400 g weiche Butter
6 Eier (Größe M)
Semmelbrösel

1. Für den Vorteig Mehl oder doppelgriffiges Mehl (100 g) in eine Schüssel sieben. Hefe mit Zucker und lauwarmem Wasser (75 ml) verrühren, bis sich die Hefe aufgelöst hat, zu dem Mehl geben, gut verrühren, evtl. noch etwas Wasser hinzugeben. Den Teig an einem warmen Ort so lange stehen lassen, bis er etwa doppelt so hoch ist.

2. Für den Teig Mehl oder doppelgriffiges Mehl (400 g) mit Puderzucker in eine Schüssel sieben und mit Salz vermengen. Butter mit Handrührgerät mit Rührbesen cremig rühren, nach und nach Eier unterschlagen, mit dem Mehlgemisch vermengen.

3. Den gegangenen Vorteig hinzufügen, alles mit Handrührgerät mit Knethaken zuerst auf niedrigster, dann auf höchster Stufe in etwa 5 Minuten zu einem Teig verarbeiten. Eine gut gefettete Kastenform (30 x 11 cm) oder Brioche-Form (Inhalt 1 l) oder mehrere kleine Brioche-Förmchen (Ø 8 cm) mit Semmelbröseln ausstreuen.

4. Den Teig auf die Formen verteilen. Für die Biocheformen, dem Durchmesser entsprechend, große und kleine Kugeln formen. Die großen Teigkugeln in die Form legen, in die Mitte eine Vertiefung drücken und die kleinen Kugeln hineinlegen, nochmals so lange an einem warmen Ort stehen lassen, bis er sich sichtbar vergrößert hat. Die Formen auf dem Rost in den Backofen stellen.

Ober-/Unterhitze:
etwa 200 °C (vorgeheizt)
Heißluft:
etwa 180 °C (vorgeheizt)
Gas: Stufe 3–4 (vorgeheizt)

Backzeit für die großen Formen: etwa 40 Minuten, für die kleinen Formen: etwa 20 Minuten.

5. Brioche möglichst frisch verzehren.

Zutaten:

Für den Teig:
120 g weiche Butter
120 g Zucker
1 Pck. Vanillin-Zucker
3 Eier (Größe M)
200 g Weizenmehl
2 gestr. TL Backpulver
125 ml (⅛ l) Milch
3 TL Instant Espressopulver
2 EL heißes Wasser

12 Papierbackförmchen

Für die Creme:
125 g Mascarpone
50 g gesiebter Puderzucker
1–2 TL Instant Espressopulver
½ TL gemahlener Kardamom
1–2 TL Kakaopulver

Zum Garnieren:
Kaffeebohnen
geschabte Schokolade

Gewürzte Kaffeetörtchen (12 Stück)

1. Für den Teig Butter mit Handrührgerät mit Rührbesen geschmeidig rühren. Zucker und Vanillin-Zucker mischen, nach und nach unterrühren, bis eine gebundene Masse entstanden ist. Eier nach und nach unterrühren (jedes Ei ½ Minute).

2. Mehl mit Backpulver mischen, sieben, abwechselnd mit der Milch und dem in Wasser aufgelösten Espressopulver unterrühren.

3. Teig in 12 Muffinsförmchen (mit Papierbackförmchen ausgelegt) füllen und auf dem Rost in den Backofen schieben.

Ober-/Unterhitze:
etwa 200 °C (vorgeheizt)
Heißluft:
etwa 180 °C (vorgeheizt)
Gas: Stufe 3–4 (vorgeheizt)
Backzeit: etwa 30 Minuten.

4. Törtchen 10 Minuten in der Form stehen lassen, aus der Form lösen und auf einem Kuchenrost erkalten lassen.

5. Für die Creme Mascarpone und Puderzucker geschmeidig rühren. Die Creme halbieren. Espressopulver und Kardamom unter die eine Hälfte, Kakao unter die andere Hälfte der Creme rühren. Jeweils 6 Törtchen mit je einer Creme bestreichen.

6. Die Törtchen mit Kaffeebohnen und geschabter Schokolade garnieren.

Tipp

Die Mascarpone-Creme kann anstatt mit Kardamom auch mit gemahlenem Zimt gewürzt werden. Der Teig für die Muffins kann zusätzlich mit ½ Fläschchen Rum-Aroma aromatisiert werden.

Zutaten:

Für den Teig:
100 g weiche Butter
80 g Zucker
1 Prise Salz
3–4 TL Instant Espressopulver
2 Eier (Größe M)
60 g Weizenmehl
60 g Speisestärke
2 gestr. TL Backpulver
7 EL Milch

12 Papierbackförmchen

Für die Käsehaube:
200 g Doppelrahm-Frischkäse
1 EL Crème fraîche
1 TL Speisestärke
1 Pck. Vanillin-Zucker
40 g gesiebter Puderzucker

Zum Bestäuben:
Kakaopulver

Cappuccino-Küchlein mit Frischkäsehaube (12 Stück)

1. Für den Teig Butter mit Handrührgerät mit Rührbesen geschmeidig rühren. Zucker, Salz und Espressopulver mischen, nach und nach unterrühren, bis eine gebundene Masse entstanden ist. Eier nach und nach unterrühren (jedes Ei ½ Minute). Mehl mit Speisestärke und Backpulver mischen, sieben und abwechselnd mit der Milch unterrühren.

2. Teig in 12 Muffinsförmchen (mit Papierbackförmchen ausgelegt) füllen und auf dem Rost in den Backofen schieben.

Ober-/Unterhitze:
etwa 200 °C (vorgeheizt)
Heißluft:
etwa 180 °C (vorgeheizt)
Gas: Stufe 3–4 (vorgeheizt)
Backzeit: etwa 15 Minuten.

3. Die Muffinsform auf einen Kuchenrost stellen. Für die Käsehaube Frischkäse, Crème fraîche, Speisestärke, Vanillin- und Puderzucker in eine Rührschüssel geben und gut verrühren. Käsemasse auf die heißen Küchlein geben. Die Muffinsform wieder in den Backofen schieben.

Ober-/Unterhitze:
etwa 200 °C (vorgeheizt)
Heißluft:
etwa 180 °C (vorgeheizt)
Gas: Stufe 3–4 (vorgeheizt)
Backzeit: etwa 10 Minuten.

4. Die Küchlein 10 Minuten in der Form stehen lassen, herausnehmen und auf einem Kuchenrost erkalten lassen. Cappuccino-Küchlein vor dem Servieren mit Kakao bestäuben.

Tipp

Für weihnachtliche Cappuccino-Küchlein kann der Teig mit 1 Teelöffel Lebkuchengewürz zusätzlich aromatisiert werden. Die Käsehaube dazu schmeckt besonders gut, wenn sie mit geriebener, unbehandelter Orangenschale abgeschmeckt wurde.

Strauben

Zutaten:

Für den Brandteig:
125 ml (1/8 l) Wasser
25 g Butter oder Margarine
75 g Weizenmehl
15 g Speisestärke
2–3 Eier (Größe M)
1 Msp. Backpulver

1 kg Ausbackfett oder Speiseöl
Puderzucker

1. Wasser mit Butter oder Margarine am besten in einem Stieltopf zum Kochen bringen.

2. Mehl mit Speisestärke mischen, sieben, auf einmal in die von der Kochstelle genommene Flüssigkeit schütten, zu einem glatten Kloß rühren und unter Rühren etwa 1 Minute erhitzen.

3. Den heißen Kloß sofort in eine Schüssel geben. Nach und nach Eier mit Handrührgerät mit Knethaken auf höchster Stufe unterarbeiten. Die Eiermenge hängt von der Beschaffenheit des Teiges ab, er muss stark glänzen und so von einem Löffel abreißen, dass lange Spitzen hängenbleiben. Backpulver in den erkalteten Teig arbeiten.

4. Backpapier in Stücke schneiden, einfetten. Fett erhitzen. Den Brandteig in einen Spritzbeutel mit großer Lochtülle füllen, jeweils einen Ring oder eine Stange auf das Backpapier spritzen und sofort (mit der Oberseite nach unten) in das heiße Fett gleiten lassen.

5. Sobald die Unterseite goldbraun ist, Ringe wenden und ebenfalls goldbraun ausbacken. Die Strauben mit dem Schaumlöffel aus dem Fett nehmen und auf Küchenpapier abtropfen lassen. Die abgekühlten Strauben mit Puderzucker bestäuben.

Orangen-Madeleines (Foto)

Zutaten:

Für den Rührteig:
250 g weiche Butter
200 g Zucker
1 Pck. Vanillin-Zucker
abgeriebene Schale von
1 Orange (unbehandelt)
oder 1 Pck.
Orangenfrucht
1 Prise Salz
5 Eier (Größe M)
250 g Weizenmehl
1 Msp. Backpulver

zerlassene Butter für die
Förmchen

Für den Guss:
75 g Zartbitterschokolade
20 g Kokosfett

1. Für den Teig Butter mit Handrührgerät mit Rührbesen auf höchster Stufe geschmeidig rühren, nach und nach Zucker, Vanillin-Zucker, Orangenschale oder Orangenfrucht und Salz unterrühren. So lange rühren, bis eine gebundene Masse entstanden ist.

2. Eier nach und nach unterrühren (jedes Ei etwa ½ Minute). Mehl mit Backpulver mischen, sieben, portionsweise auf mittlerer Stufe unterrühren.

3. Madeleine-Förmchen mit zerlassener Butter sehr gut fetten, den Teig in die Förmchen füllen (dürfen nur zu ⅔ gefüllt sein). Die Förmchen auf dem Rost in den Backofen schieben.

Ober-/Unterhitze:
180–200 °C (vorgeheizt)
Heißluft:
160–180 °C (vorgeheizt)
Gas: etwa Stufe 3 (vorgeheizt)
Backzeit: etwa 15 Minuten.

4. Für den Guss Schokolade mit Kokosfett in einem kleinen Topf im Wasserbad bei schwacher Hitze zu einer geschmeidigen Masse verrühren, die aus den Förmchen gestürzten, erkalteten Madeleines damit bestreichen oder hineintauchen.

Birnenkrapfen (Foto Seite 4 – etwa 35 Stück)

Zutaten:

Für den Hefeteig:
500 g Weizenmehl
1 Würfel frische
Hefe (42 g)
50 g Zucker
200 ml Milch
75 g Butter
1 Prise Salz
2 Eier (Größe M)
1 Orange (unbehandelt)
oder 1 Pck. Orangenfrucht
3–4 feste Birnen
(etwa 600 g)

Pflanzenfett zum
Frittieren
Puderzucker, Zimt

1. Mehl in eine Schüssel sieben. In die Mitte eine Vertiefung drücken und die Hefe hineinbröckeln. 1 TL Zucker darüber streuen und mit lauwarmer Milch verrühren. Zugedeckt an einem warmen Ort gehen lassen, bis sich der Teig verdoppelt hat.

2. Die Butter zerlassen, restlichen Zucker, Salz, Eier und abgeriebene Orangenschale oder Orangenfrucht hinzufügen. Alles mit dem Vorteig mit Handrührgerät mit Knethaken in etwa 5 Minuten zu einem glatten Teig verarbeiten.

3. Birnen schälen, entkernen, klein würfeln und unter den Teig heben. Zugedeckt nochmals etwa 30 Minuten gehen lassen.

4. Fett erhitzen. Mit 2 in Fett getauchten Esslöffeln kleine Krapfen abstechen und in dem Fett in etwa 3 Minuten goldbraun ausbacken, zwischendurch wenden. Auf Küchenpapier abtropfen lassen.

5. Puderzucker und Zimt mischen und die warmen Krapfen damit bestäuben.

Nussecken

Zutaten:

Für den Teig:
150 g Weizenmehl
½ gestr. TL Backpulver
65 g Zucker
1 Pck. Vanillin-Zucker
1 Prise Salz
1 Ei (Größe M)
65 g weiche Butter oder Margarine
2 EL Aprikosenkonfitüre

Für den Belag:
100 g Butter
100 g Zucker
1 Pck. Vanillin-Zucker
2 EL Wasser
50 g gehackte Walnuss-, Pecannuss- oder Erdnusskerne
100 g gehobelte Haselnusskerne

Für den Guss:
75 g Halbbitter-Kuvertüre
30 g weiße Kuvertüre

1. Für den Teig Mehl mit Backpulver mischen, in eine Rührschüssel sieben. Zucker, Vanillin-Zucker, Salz, Ei und Butter hinzufügen.

2. Die Zutaten mit Handrührgerät mit Knethaken zunächst kurz auf niedrigster, dann auf höchster Stufe gut durcharbeiten, anschließend auf der Arbeitsfläche zu einem glatten Teig verkneten, sollte er kleben, ihn in Klarsichtfolie verpackt eine Zeit lang kalt stellen.

3. Den Teig zu einem Rechteck von 30 x 30 cm auf einem Backblech ausrollen, mit Konfitüre bestreichen.

4. Für den Belag Butter mit Zucker, Vanillin-Zucker und Wasser langsam erwärmen, zerlassen. Nüsse unterrühren, etwas abkühlen lassen. Die Masse gleichmäßig auf dem Teig verteilen. Vor den Teig einen mehrfach umgeknickten Streifen Alufolie legen, so dass ein Rand ensteht. Das Backblech in den Backofen schieben.

Ober-/Unterhitze:
180–200 °C (vorgeheizt)
Heißluft:
160–180 °C (vorgeheizt)
Gas: etwa Stufe 3 (vorgeheizt)
Backzeit: 20–30 Minuten.

5. Das Gebäck etwas abkühlen lassen, in Quadrate (6 x 6 cm) schneiden, diese dann so in Hälften teilen, dass Dreiecke entstehen.

6. Für den Guss die Kuvertüren jeweils getrennt in einem kleinen Topf im Wasserbad bei schwacher Hitze zu einer geschmeidigen Masse verrühren. Jeweils die spitzen Ecken der Gebäcke mit dunkler Kuvertüre bestreichen, etwas fest werden lassen, dann mit weißer Kuvertüre besprenkeln.

Tipp

Für Kokosecken können statt der Nüsse auch 200 g Kokosraspel verwendet werden. Die Nussecken halten sich in gut schließenden Dosen verpackt lange frisch.

Chocolate-Chip-Cookies

Zutaten:

Für den Rührteig:
150 g weiche Butter oder Margarine
150 g brauner Zucker (Kandisfarin)
1 Pck. Bourbon Vanille-Zucker
2 Eier (Größe M)
200 g Weizenmehl
1 gestr. TL Backpulver
100 g gehackte Haselnusskerne
100 g Schokoladentropfen oder grob gehackte, dunkle Schokolade

1. Für den Teig Butter oder Margarine mit Handrührgerät mit Rührbesen auf höchster Stufe geschmeidig rühren. Nach und nach Zucker und Vanille-Zucker unterrühren, so lange rühren, bis eine gebundene Masse entstanden ist. Die Eier nach und nach unterrühren (jedes Ei etwa ½ Minute).

2. Mehl mit Backpulver mischen und portionsweise auf mittlerer Stufe unterrühren. Haselnüsse und Schokolade unterrühren.

3. Von dem Teig mit 2 Teelöffeln walnussgroße Häufchen auf gefettete, mit Backpapier belegte Backbleche setzen. Zwischen den Häufchen etwa 4 cm Abstand lassen, da der Teig etwas auseinander läuft, backen.

Ober-/Unterhitze:
etwa 200 °C (vorgeheizt, mittlere Einschubleiste)
Heißluft:
etwa 180 °C (vorgeheizt)
Gas: Stufe 3–4 (vorgeheizt)
Backzeit: etwa 10 Minuten.

4. Die Cookies auf einem Kuchenrost erkalten lassen.

White-Chocolate-Cookies

Zutaten:

Für den Rührteig:
150 g weiche Butter
75 g brauner Zucker (Kandisfarin)
75 g Zucker
1 Pck. Bourbon Vanille-Zucker
2 Eier (Größe M)
200 g Weizenmehl
1 gestr. TL Backpulver
200 g grob gehackte, weiße Schokolade
1 EL Weizenmehl
30 g Kakaopulver
1 EL Milch

1. Für den Teig Butter mit Handrührgerät mit Rührbesen auf höchster Stufe schaumig rühren. Nach und nach braunen Zucker, Zucker, Vanille-Zucker unterrühren, so lange rühren, bis eine gebundene Masse entstanden ist. Eier nach und nach unterrühren (jedes Ei etwa ½ Minute).

2. Mehl mit Backpulver mischen und portionsweise unterrühren. Den Teig halbieren. Unter die eine Teighälfte die Hälfte der Schokolade und Mehl rühren. Unter den restlichen Teig Kakao, Milch und die restliche Schokolade rühren.

3. Den Teig in walnussgroßen Häufchen mit Hilfe von 2 Teelöffeln auf gefettete, mit Backpapier belegte Backbleche setzen. Zwischen den Häufchen etwa 4 cm Abstand lassen, da der Teig etwas auseinander läuft, backen.

Ober-/Unterhitze:
etwa 200 °C (vorgeheizt, mittlere Einschubleiste)
Heißluft:
etwa 180 °C (vorgeheizt)
Gas: Stufe 3–4 (vorgeheizt)
Backzeit: etwa 10 Minuten.

4. Die Cookies auf einem Kuchenrost erkalten lassen.

Zutaten:

Für den Knetteig:
200 g Weizenmehl
½ gestr. TL Backpulver
75 g Zucker
1 Pck. Vanillin-Zucker
2 EL Wasser
100 g weiche Butter oder Margarine
150 g Konfitüre

Für die Füllung:
80 g weiche Butter
125 g Zucker
Salz
1 Ei (Größe M)
1 Eiweiß (Größe M)
100 g Weizenmehl
125 g abgezogene, gehackte Mandeln
2 Tropfen Bittermandel-Aroma
4 EL Milch
3 EL Rum

Zum Bestreichen:
1 Eigelb (Größe M)
1 EL Milch

Leipziger Lerchen (14 Stück)

1. Für den Teig Mehl und Backpulver mischen und in eine Rührschüssel sieben. Zucker, Vanillin-Zucker, Wasser und Butter oder Margarine hinzufügen.

2. Die Zutaten mit Handrührgerät mit Knethaken zunächst kurz auf niedrigster, dann auf höchster Stufe gut durcharbeiten und anschließend auf der Arbeitsfläche zu einem glatten Teig verkneten. Sollte er kleben, ihn eine Zeit lang kalt stellen.

3. Den Teig dünn ausrollen und 14 Kreise (Ø etwa 10 cm) ausstechen. 14 leicht gefettete Formen (Ø unten etwa 4 cm, oben etwa 8 cm, Höhe etwa 3–4 cm) damit auslegen. Aus den Teigresten 14 kleine Sterne ausstechen. Jeweils einen gestrichenen Teelöffel Konfitüre hineingeben.

4. Für die Füllung Butter mit Handrührgerät mit Rührbesen verrühren, mit Zucker, Salz, Ei, Eiweiß, gesiebtem Mehl, Mandeln, Aroma, Milch und Rum verrühren. Die Masse in die Förmchen füllen, obenauf jeweils einen kleinen ausgestochenen Teigstern legen und mit verquirlter Eigelbmilch bestreichen.

Ober-/Unterhitze:
180–200 °C (vorgeheizt)
Heißluft:
160–180 °C (vorgeheizt)
Gas: etwa Stufe 3 (vorgeheizt)
Backzeit: etwa 25 Minuten.

Tipp

Wenn man keine Förmchen hat, 2 ineinander gesetzte Papierbackförmchen (nicht gefettet) verwenden.

Kapitelregister

Klassische Plätzchen

Plätzchen mit Guss & Füllung

Süße Muffins

Törtchen & Co.

HEYNE KOCHBUCH
07/2026

Herausgeber: Genehmigte Lizenzausgabe für den Wilhelm Heyne Verlag, München, 2001
http://www.heyne.de

Titelgestaltung: Kontur Design GmbH, Bielefeld
Grafisches Konzept: Andrea Kelger, Bielefeld
Gestaltung: MDH Reiner Haselhorst, Bielefeld

Redaktion: Jasmin Gromzik, Miriam Krampitz

Rezeptberatung: Annette Elges, Bielefeld

Fotos: Fotostudio Büttner, Bielefeld
CMA, Bonn
Thomas Diercks, Hamburg
Ketchum PR, Hamburg
Ulrich Kopp, Füssen
Kramp & Gölling, Hamburg
Bernd Lippert, Bielefeld
Fotostudio Toelle, Bielefeld
Brigitte Wegner, Düsseldorf

Satz: Typografika, Bielefeld

Reproduktion: Fröbus Firmengruppe, Köln

Druck: Offizin Andersen Nexö, Leipzig

Die Autoren haben dieses Buch nach bestem Wissen und Gewissen erarbeitet. Alle Rezepte, Tipps und Ratschläge sind mit Sorgfalt ausgewählt und geprüft. Eine Haftung des Verlages und seiner Beauftragten für alle erdenklichen Schäden an Personen, Sach- und Vermögensgegenständen ist ausgeschlossen.

Printed in Germany gedruckt in leipzig

ISBN 3-453-19104-8